HOMBRES DE VALOR

CÓMO SER UN HOMBRE
CONFORME AL CORAZÓN DE DIOS

30 DEVOCIONALES PARA HOMBRES
CON PREGUNTAS PARA REFLEXIONAR

RICHARD LEMUS DÍAZ

DEDICATORIA

A los hombres que buscan a Dios con todo su corazón y viven para su gloria.

CONTENIDO

1

TRIUNFANDO EN LA BATALLA

"Pónganse toda la armadura de Dios para que puedan hacer frente a las artimañas del diablo."

Efesios 6:11, NVI

¿Sabías que estás en una guerra? No una guerra física, sino una guerra espiritual. Una guerra contra el enemigo de tu alma, el diablo, que quiere destruirte y alejarte de Dios. Una guerra que no puedes ganar por tus propias fuerzas, sino con la ayuda de Dios.

Por eso, el apóstol Pablo nos exhorta a ponernos toda la armadura de Dios. Esta armadura no es física, sino espiritual. Está constituida por las verdades y los recursos que Dios nos ha dado para resistir al diablo y sus ataques. La armadura de Dios consta de seis piezas: el cinturón de la verdad, la coraza de justicia, el calzado del evangelio de la paz, el escudo de la fe, el casco de la salvación y la espada del Espíritu. Cada una de estas piezas tiene un significado espiritual y una aplicación práctica para nuestra vida.

Ponerse toda la armadura de Dios implica dos cosas: primero, conocer y creer lo que Dios dice sobre nosotros, sobre Él y sobre su obra. Segundo, vivir de acuerdo a lo que Dios nos manda, obedeciendo su voluntad y honrando su Nombre. Así podremos hacer frente a las artimañas del diablo, que son sus estrategias para engañarnos, tentarnos y desanimarnos.

No te dejes vencer por el enemigo. Recuerda que Dios está contigo y que te ha dado todo lo que necesitas para triunfar en la batalla. Ponte toda la armadura de Dios y mantente firme en la fe.

PREGUNTAS REFLEXIVAS

¿Qué significa para ti estar en una guerra espiritual?

¿Qué pieza de la armadura de Dios te parece más
importante o necesaria para tu vida?

¿Qué dificultades o ataques has enfrentado o estás
enfrentando en tu vida espiritual?

¿Cómo crees que te ayuda la armadura de Dios a resistir
al diablo y sus artimañas?

¿Qué pasos puedes dar para ponerte toda la armadura
de Dios cada día?

NOTAS

Haz tu propia oración al Señor:

2

SIENDO HOMBRE DE PALABRA

"Cuando ustedes digan sí, que sea realmente sí; y cuando digan no, que sea no. Cualquier otra cosa que digan más allá de esto proviene del maligno."

Mateo 5:37, NVI

La palabra es una expresión de nuestro ser, de nuestra identidad, de nuestra personalidad. Con ella revelamos lo que somos, lo que pensamos, lo que sentimos, lo que queremos, lo que creemos. Con ella nos relacionamos con Dios, con nosotros mismos y con los demás. Con las palabras damos testimonio de nuestra fe, de nuestra esperanza, y de nuestro amor.

Pero la palabra también puede ser una fuente de engaño, de falsedad, y de hipocresía. Podemos usarla para alejarnos de Dios y de los demás. Y con las palabras podemos negar nuestra fe en Jesús.

Por eso, Dios nos llama a vivir como hombres de palabra, como hombres que dicen la verdad, que son sinceros y cumplen sus promesas en un mundo de falsos conceptos de hombría, donde la palabra ya no significa nada. Nos ordena vivir como hombres que no necesitan jurar ni por Dios ni por ninguna otra cosa para ser fidedignos ante la gente. Nos exhorta a vivir como siervos que no hablan más de lo necesario, sino que lo hacen con prudencia, mesura y respeto.

Vivir como hombres de palabra nos hace semejantes a Dios, que es el Dios de la verdad, que cumple su palabra y sus promesas. Además, nos hace semejantes a Cristo, que es la Palabra de Dios, quien vino al mundo para revelarnos al Padre y habló con gracia y verdad, e hizo la voluntad del Padre hasta la muerte. Andar como hombres de palabra agrada al Espíritu Santo, el Espíritu de la verdad que nos ilumina, nos convence y nos consuela con su Palabra.

Vivir como hombres de palabra es un reto y una bendición que Dios nos propone. Es necesario que este mundo sin Dios vea en el hecho de que somos cristianos suficiente razón para confiar siempre en nuestras palabras. Seamos hombres de palabra, que reflejen la imagen de Cristo en este mundo.

PREGUNTAS REFLEXIVAS

¿Cómo te has sentido cuando alguien ha incumplido su palabra?

¿Qué significa para ti vivir como hombre de palabra?

¿En qué áreas de tu vida necesitas vivir más como hombre de palabra?

¿Qué obstáculos o dificultades encuentras para vivir como hombre de palabra?

¿Qué beneficios o frutos has experimentado al vivir como hombre de palabra?

NOTAS

_____

_____

_____

_____

_____

_____

_____

_____

_____

_____

_____

_____

Haz tu propia oración al Señor:

_____

_____

_____

_____

3

DECIDIENDO CON SABIDURÍA

"Si a alguno de ustedes le falta sabiduría, pídasela a Dios, y él se la dará, pues Dios da a todos generosamente sin menospreciar a nadie."

Santiago 1:5, NVI

¿Te has encontrado alguna vez en una situación en la que no sabes qué hacer? ¿Has tenido que tomar decisiones difíciles o importantes para tu vida? ¿Has sentido que te falta sabiduría para discernir lo bueno de lo malo, lo conveniente de lo inconveniente, lo que agrada a Dios de lo que no?

¡Todos necesitamos sabiduría! Sabiduría es la capacidad de aplicar el conocimiento a la práctica, de juzgar con prudencia y de actuar conforme a la voluntad de Dios. La sabiduría no es algo que siempre se adquiere con la edad, la experiencia o la educación, sino que es un don de Dios que Él imparte a todos los que se lo piden con fe.

El apóstol Santiago nos anima a pedirle sabiduría a Dios, y nos asegura que él nos la dará, pues nuestro Padre es generoso y no menosprecia a nadie. Dios quiere que seamos sabios, que vivamos de acuerdo a su Palabra y que tomemos decisiones que nos beneficien a nosotros y a los demás. No es la voluntad del Señor dejarnos solos ante las encrucijadas de la vida, sino que quiere guiarnos e iluminarnos con su Espíritu.

No te conformes con la sabiduría humana, que es limitada, engañosa y a veces contraria a la de Dios. Busca la sabiduría que viene de Jesús, que es pura, pacífica, amable, justa y fructífera. Pídele a Dios que te dé sabiduría para enfrentar los desafíos y las oportunidades que se te presentan. Él te la dará, y te ayudará a tomar las decisiones correctas.

PREGUNTAS REFLEXIVAS

¿Qué decisiones tienes que tomar en este momento de tu vida?

¿Qué criterios usas para tomar tus decisiones?

¿Qué papel tienen la Palabra de Dios y el Espíritu Santo en tu proceso de toma de decisiones?

¿Qué beneficios tiene buscar la sabiduría que viene de Dios?

¿Qué pasos puedes dar para pedirle sabiduría a Dios cada día?

NOTAS

_____

_____

_____

_____

_____

_____

_____

_____

_____

_____

_____

Haz tu propia oración al Señor:

_____

_____

_____

_____

_____

4

SUPERANDO LOS OBSTÁCULOS

"Ustedes pensaron hacerme mal, pero Dios cambió ese mal en bien para lograr lo que hoy estamos viendo: salvar la vida de mucha gente."

Génesis 50:20, NVI

¿Has pasado por momentos difíciles en tu vida? ¿Has sufrido injusticias, traiciones, calumnias o rechazos? ¿Has sentido que tus sueños se han frustrado o que tus planes se han arruinado? ¿Has pensado que Dios te ha abandonado o que no tiene un propósito para ti?

Si te sientes así, te invito a que mires la vida de José, el hijo de Jacob, que pasó por muchas pruebas y dificultades, pero que al final vio el plan de Dios cumplirse en su vida. José fue vendido por sus hermanos como esclavo, fue llevado a Egipto, fue acusado falsamente por la esposa de su amo, fue encarcelado, y fue olvidado por sus compañeros de prisión. José sufrió mucho, pero nunca perdió la fe ni la esperanza en Dios. Él reconoció que Dios estaba con él en todo momento, y aquello con lo que sus hermanos pensaron hacerle mal, Dios lo cambió en bien y fue puesto a cargo de todo Egipto para salvar la vida de mucha gente.

Dios también tiene un propósito para tu vida, y puede usar las situaciones adversas que enfrentas para tu bien y para el bien de otros. No te dejes vencer por el desánimo, la amargura o el resentimiento. Confía en que Dios está contigo y que Él quiere transformar tu entorno a tu favor. Sé un hombre que vence a pesar de los obstáculos, y verás la gloria de Dios en tu vida.

PREGUNTAS REFLEXIVAS

¿Qué obstáculos estás enfrentando en tu vida?

¿Cómo estás reaccionado ante esas situaciones? ¿Con fe, esperanza y amor, o con duda, desesperación y odio?

¿Qué puedes aprender de la vida de José y de su actitud ante los obstáculos?

¿Cómo puedes ver a Dios obrando en medio de tus problemas?

¿Qué pasos puedes dar para confiar más en Dios y para vencer a pesar de los obstáculos?

NOTAS

Haz tu propia oración al Señor:

5

INSISTIENDO EN LA ORACIÓN

"Oren sin cesar."

1 Tesalonicenses 5:17, NVI

¿Qué lugar ocupa la oración en tu vida? ¿Es algo que haces solo cuando tienes necesidades, problemas, angustias o crisis? ¿O es algo que haces constantemente como una forma de comunicarte con Dios, de expresarle tu amor, tu adoración, tu gratitud, tu confianza, tu dependencia, tu súplica, tu intercesión?

El apóstol Pablo nos exhorta a orar sin cesar, es decir, a mantener una actitud de oración en todo momento, en toda circunstancia, en todo lugar. Él nos anima a no dejar de orar, a no desmayar en la oración, a no descuidar la oración. Nos recuerda que la oración es el arma más poderosa que tenemos como hijos de Dios, que nos conecta con él, que nos permite recibir su gracia, su ayuda, dirección, consuelo, poder y victoria.

La oración es el vínculo vital que nutre el crecimiento espiritual, la santidad y el poder en la vida del creyente. En la comunión con Dios, encontramos fortaleza para enfrentar desafíos, sabiduría para discernir Su voluntad y la gracia transformadora que nos santifica. La oración, al ser el medio por el cual nos conectamos con el Todopoderoso, es la esencia misma de nuestra fe, la fuente de nuestra santificación y la llave que desbloquea el poder divino en nuestras vidas.

No te conformes con una vida de oración superficial, esporádica o rutinaria. Busca una vida de oración profunda, constante y ferviente. Ora sin cesar y verás cómo Dios obra en tu vida y en la de los que te rodean. Ora sin cesar y vencerás, moviéndote en el poder de la oración.

PREGUNTAS REFLEXIVAS

¿Qué importancia le das a la oración en tu vida?

¿Qué beneficios te aportaría orar sin cesar?

¿Qué obstáculos encuentras para orar sin cesar?

¿Qué ejemplos bíblicos te inspiran a orar sin cesar?

¿Qué pasos puedes dar para mejorar tu vida de oración?

NOTAS

_____
_____
_____
_____
_____
_____
_____
_____
_____
_____
_____

Haz tu propia oración al Señor:

_____
_____
_____
_____

6

GUARDANDO MIS PALABRAS

"El perverso provoca contiendas y el chismoso divide a los buenos amigos."

Proverbios 16:28, NVI

El silencio es una virtud que muchas veces olvidamos o despreciamos. Pensamos que hablar es más importante, más útil, y más divertido. Pero no nos damos cuenta de que con nuestras palabras podemos causar mucho daño, tanto a nosotros mismos como a los demás. Podemos provocar contiendas, divisiones, enemistades, ofensas, malentendidos, mentiras, chismes, calumnias, etc. Además, podemos herir, humillar, desanimar y deshonrar.

Por eso, Dios nos llama a ser guardianes de las palabras, a cuidar nuestra lengua, a controlar nuestro hablar, a medir nuestros dichos. Él desea que aprendamos a hablar cuando sea necesario, cuando sea oportuno, cuando sea conveniente, cuando sea para su gloria y para el bien de los demás. No significa ser mudos, ni callar lo que debemos decir, ni negar lo que sentimos o pensamos. Significa saber escuchar, saber discernir, saber esperar, y saber responder. Significa no hablar por hablar, ni hablar sin pensar, ni hablar sin saber. Significa no hablar de más, ni hablar de menos, mucho menos hablar de lo que no nos corresponde. Significa hablar con gracia, con verdad, y con amor. Es una elección que el Señor nos deja, y una responsabilidad que nos encomienda.

Guardar nuestras palabras nos hace parecidos a nuestro Padre celestial. Él es el Dios que habla, que se revela, que nos llama, y que nos bendice con su palabra. Pero también es el Dios que guarda silencio, que se esconde, que nos prueba y enseña con su silencio.

PREGUNTAS REFLEXIVAS

¿Qué significa para ti ser guardián de tus palabras?

¿En qué áreas de tu vida necesitas guardar más tus palabras?

¿Qué dificultades encuentras para hacer silencio o guardar tus palabras?

¿Qué beneficios has experimentado al hablar solo lo necesario?

¿Qué pasos puedes tomar para guardar y controlar más tus palabras?

NOTAS

Haz tu propia oración al Señor:

7

FORJANDO UN CORAZÓN PARA DIOS

"Pero ahora tu reino no perdurará. El Señor se ha buscado un hombre conforme a su corazón, y lo ha designado como gobernante de su pueblo, porque tú no has cumplido lo que él te ordenó."

1 Samuel 13:14, NVI

¿Qué tipo de hombre quieres ser? ¿Un hombre conforme al mundo, a la sociedad, a la cultura, a la moda, a la opinión de los demás? ¿O un hombre conforme al corazón de Dios, a su voluntad, a su palabra, a su propósito, a su agrado?

Dios quiere que seamos hombres conforme a su corazón, que lo amen, que lo obedezcan, que lo honren, que lo sirvan, que lo glorifiquen. Dios quiere que seamos hombres que reflejan su carácter, su amor, su justicia, y su santidad. Él desea que seamos varones que cumplen su plan, que hacen su obra, que extienden su Reino, que anuncian su evangelio, y que bendicen a su pueblo.

Un ejemplo de un hombre conforme al corazón de Dios es David, el rey de Israel, que fue escogido por Dios para reemplazar a Saúl, que había desobedecido a Dios. Él no era perfecto, cometió muchos errores y pecados, pero supo arrepentirse, buscar el perdón y la restauración de Dios oportunamente. El rey David amaba a Dios, confiaba en Él, lo alababa, lo consultaba y lo seguía. David fue un hombre conforme al corazón de Dios porque su deleite era contar con el favor de su Señor; sabía ponerse en sintonía con los deseos y propósitos de Dios.

No te conformes con ser un hombre conforme al mundo. Mira el ejemplo de David y aprende de él. Busca ser un hombre conforme al corazón de Dios.

PREGUNTAS REFLEXIVAS

¿Qué significa para ti ser un hombre conforme al corazón de Dios?

¿Qué características tenía David que lo hacían un hombre conforme al corazón de Dios?

¿Qué aspectos de tu vida necesitas cambiar para ser un hombre conforme al corazón de Dios?

¿Con que recursos cuentas para convertirte en un hombre conforme al corazón de Dios?

¿Qué pasos puedes dar para tener un corazón conforme al de Dios?

NOTAS

Haz tu propia oración al Señor:

8

ENFOCÁNDOME EN EL INTERIOR

"Pero el Señor le dijo a Samuel: —No te dejes impresionar por su apariencia ni por su estatura, pues yo lo he rechazado. La gente se fija en las apariencias, pero yo me fijo en el corazón."

1 Samuel 16:7, NVI

¿Qué es lo que te hace sentir valioso? ¿Tu aspecto físico, tu inteligencia, tu dinero, tu fama, tu poder, tu éxito, tu popularidad? ¿O tu relación con Dios, tu carácter, tu servicio, tu humildad, tu generosidad, tu integridad, y tu fidelidad?

Muchas veces nos dejamos llevar por lo que el mundo nos dice que es valioso, y tenemos la tendencia a concentrarnos en lo externo. Nos preocupamos más por cómo nos vemos, por qué tenemos, por qué hacemos, por qué dicen de nosotros, que por quiénes somos en realidad y, principalmente, por qué piensa Dios de nosotros. Nos olvidamos de que lo que realmente importa es lo que hay en nuestro corazón.

Dios no se fija en las apariencias, sino en el corazón. Él no se deja impresionar por lo que el mundo valora, sino por lo que Él valora. Así ocurrió con David, quizás no calificaba para rey a los ojos de los demás, pero el Señor veía otra cosa. Él no nos ama por lo que somos por fuera, sino por lo que somos por dentro. Él nos hizo a su imagen y semejanza, y nos dio un valor infinito. Nos redimió por medio de su Hijo Jesucristo, y nos dio una nueva identidad. Nos llenó de su Espíritu Santo, y nos dio una nueva naturaleza.

No te dejes engañar por el mundo. No busques tu valor en lo externo, sino en lo interno. No te concentres en lo que expirará sino en lo que perdurará en el tiempo. No te compares con los demás, sino con Cristo. No te conformes con lo que miras, sino con lo que Dios mira.

PREGUNTAS REFLEXIVAS

¿Qué cosas te hacen sentir valioso o sin valor?

¿Qué criterios usas para medir tu valor o el de los demás?

¿Qué dice Dios sobre tu valor y el de los otros?

¿Cómo puedes enfocarte más en lo interno que en lo externo?

¿Qué pasos puedes dar para vivir conforme al valor que Dios te ha dado?

NOTAS

_____
_____
_____
_____
_____
_____
_____
_____
_____
_____

Haz tu propia oración al Señor:

_____
_____
_____
_____

9

CONECTÁNDOME A JESÚS

"Yo soy la vid y ustedes son las ramas. El que permanece en mí, como yo en él, dará mucho fruto; separados de mí no pueden ustedes hacer nada."

Juan 15:5, NVI

La vida está llena de luchas, de dificultades, de problemas que nos agobian y nos hacen sentir débiles, solos y desesperados. A veces pensamos que no podemos más, que no hay salida, que todo está perdido. Pero no es así. Hay una esperanza, una fuente de vida, una razón para seguir adelante. Estamos hablando de Jesús.

Jesús es la vid, la planta que da vida y sustento a las ramas. Nosotros somos las ramas que dependen de Él para vivir y dar fruto. Sin Él, nada podemos hacer. Sin Él, nos secamos y morimos. Pero con el Señor, todo lo podemos. Con Él, tenemos vida abundante. Con Jesús, damos frutos de amor y de justicia.

¿Cómo podemos permanecer en Jesús? ¿Cómo podemos aferrarnos a Él en medio de las luchas? La clave está en la relación. En mantener una comunión íntima y constante con Él. En orar, alabar su nombre, meditar su Palabra, obedecer sus mandamientos, imitar su andar, confiar en su poder, compartir su evangelio, y en servir a su pueblo.

No te desanimes, no te apartes ni te rindas porque el Señor piensa en ti y ha puesto ángeles a tu disposición. Aférrate a Jesús porque Él es tu vida, tu fuerza, y tu salvación. Él te ama, te cuida, te sostiene, te guía, te ayuda, te libra, te sana, te restaura, y te bendice. Recuerda que el Señor está contigo, que nunca te deja y nunca te fallará.

PREGUNTAS REFLEXIVAS

¿Qué luchas estás enfrentando en este momento?

¿Cómo te estás sintiendo al respecto?

¿Qué promesas de Dios te dan consuelo y esperanza?

¿Sientes que estás conectado a Jesús como los pámpanos a la vid?

¿Qué puedes hacer para permanecer en Jesús y aferrarte más a Él?

NOTAS

Haz tu propia oración al Señor:

10

BUSCANDO LA SANTIDAD

"Más bien, sean ustedes santos en todo lo que hagan, como también es santo quien los llamó; pues está escrito: Sean santos, porque yo soy santo."

1 Pedro 1:15-1, NVI

¿Qué es la santidad? ¿Es algo imposible, aburrido, anticuado, e irrelevante? ¿O es algo necesario, hermoso, actual, y significativo? ¿Es algo que depende solo de nosotros y de nuestros esfuerzos? ¿O es algo que depende de Dios y de su gracia?

La santidad es la cualidad de ser apartado para Dios, de ser hecho conforme a su voluntad, de reflejar su carácter, y de agradarle en todo. La santidad no es algo que nosotros podemos lograr por nuestra propia cuenta, sino que es un regalo de Dios que nos hace santos por medio de la fe en Jesucristo, el cual nos perdonó y nos limpió de todo pecado. Tampoco es algo que nosotros podemos ignorar o descuidar, sino que es algo que, como hijos de Dios, debemos enfocar viviendo en obediencia, en amor y en pureza.

Vivir en santidad no parece fácil, especialmente en un mundo lleno de tentaciones, de pecados, de engaños, y de malos placeres. Pero vivir en santidad es posible, con la ayuda de Dios, de su Palabra, de su Espíritu, y de su iglesia. Dios nos llama a ser santos, porque Él es santo, y nos da los medios para lograrlo. A través de la fe en Cristo, permites que el Espíritu Santo obre en tu vida, transformándote desde adentro. Dedica tiempo a la oración, a la meditación de la Biblia y comparte el amor de Jesús con los demás. La santidad proviene de una experiencia con la obra redentora de Cristo en la cruz y de una relación personal con el Espíritu de verdad.

No te conformes con una vida de pecado y mundanalidad. Busca una vida de santidad y espiritualidad. Busca una vida de santidad en medio de un mundo lleno de maldad, y verás la bendición de Dios en tu vida.

PREGUNTAS REFLEXIVAS

¿Qué piensas de la santidad? ¿Qué importancia le das en tu vida?

¿Qué beneficios tiene para ti vivir en santidad?

¿Qué dificultades encuentras para vivir en santidad?

¿Qué ejemplos bíblicos te inspiran a vivir en santidad?

¿Qué pasos puedes dar para buscar la santidad en tu vida?

NOTAS

_____
_____
_____
_____
_____
_____
_____
_____
_____
_____
_____

Haz tu propia oración al Señor:

_____
_____
_____
_____

11

ENTENDIENDO MI PROPÓSITO

"Porque yo sé muy bien los planes que tengo para ustedes —afirma el Señor—, planes de bienestar y no de calamidad, a fin de darles un futuro y una esperanza."

Jeremías 29:11, NVI

¿Te has sentido alguna vez insignificante, inútil, sin sentido, sin dirección, sin destino? ¿Has pensado que tu vida no tiene valor, que no tienes nada que aportar, que nadie te necesita, que nadie te ama?

Si te sientes así, te invito a que escuches lo que Dios dice de ti, de tu vida, de tu propósito. Dios dice que Él te conoce, que te ama, que te creó, que te llamó, que te eligió, y que tiene un plan contigo. Un plan de bienestar y no de calamidad, un plan de futuro y de esperanza, un plan de gloria y de bendición.

Tu vida no es un accidente, ni un error, ni una casualidad. Tú eres un milagro, una obra maestra de arte, y una maravilla. Tu vida tiene un propósito, un sentido y una dirección. Para ti hay un destino, un sueño y una meta. Así que debes comenzar a verte con valor, potencial y capacidad en Cristo. ¿No crees que puedes en tus fuerzas? Pues haces bien porque es en las fuerzas de Cristo por el Espíritu Santo. ¡Todo lo puedes en Cristo que te fortalece!

No te dejes engañar por el enemigo, por el mundo, por tus sentimientos. No creas las mentiras que te dicen que eres uno más, que no vales nada, que no tienes nada que ofrecer. Cree la verdad que Dios te dice, que eres único, que vales mucho, y que tienes mucho que dar. No eres uno más: tu vida tiene un propósito.

PREGUNTAS REFLEXIVAS

¿Qué piensas de tu vida? ¿Qué valor le das?

¿Qué dice Dios de tu vida? ¿Qué valor le da?

¿Qué propósito tiene Dios para ti?

¿Cómo puedes descubrir y cumplir el propósito de Dios
para tu vida?

¿Qué pasos puedes dar para vivir conforme al propósito
de Dios para tu vida?

NOTAS

_____
_____
_____
_____
_____
_____
_____
_____
_____
_____
_____

Haz tu propia oración al Señor:

_____
_____
_____
_____

12

CRECIENDO ESPIRITUALMENTE.

"Más bien, crezcan en la gracia y en el conocimiento de nuestro Señor y Salvador Jesucristo. A él sea la gloria ahora y para siempre. Amén."

2 Pedro 3:18, NVI

¿Qué tan importante es para ti crecer espiritualmente? ¿Es algo que haces con regularidad, con disciplina, con entusiasmo y pasión? ¿O es algo que haces de vez en cuando, con indiferencia, con pereza, con conformismo?

El apóstol Pedro nos exhorta a crecer en la gracia y en el conocimiento de nuestro Señor y Salvador Jesucristo. Él nos anima a no quedarnos estancados en nuestro desarrollo espiritual, sino a avanzar, a progresar, a madurar. El apóstol nos recuerda que crecer espiritualmente es un proceso continuo, que requiere de nuestra cooperación, de nuestra disposición, de nuestra diligencia. Él nos muestra que crecer espiritualmente es un beneficio, que nos permite conocer más a Dios, experimentar más su amor, disfrutar más su presencia y reflejar más su gloria.

No te conformes con una vida espiritual mediocre, superficial o rutinaria. Busca una vida espiritual dinámica, profunda y fructífera. Crecer espiritualmente no es una opción, sino un deber y una responsabilidad. Crecer espiritualmente es para tu beneficio y principalmente para la gloria de Dios, para su honra y su alabanza.

No te estanques en tu desarrollo espiritual. Sigue creciendo en la gracia y en el conocimiento de nuestro Señor y Salvador Jesucristo. Él te da todo lo que necesitas para crecer y te espera con brazos abiertos para recibirte. ¡Sigue creciendo y no te detengas!

PREGUNTAS REFLEXIVAS

¿Qué evidencias ves en tu vida de que estás creciendo espiritualmente?

¿Qué factores crees que contribuyen a tu crecimiento espiritual?

¿Qué recursos tienes a tu disposición para crecer espiritualmente?

¿Cómo puedes evaluar o medir tu crecimiento espiritual?

¿Qué pasos puedes dar para seguir creciendo espiritualmente?

NOTAS

Haz tu propia oración al Señor:

13

SIENDO UN ESPOSO QUE AMA

"Por eso el hombre deja a su padre y a su madre, y se une a su mujer, y los dos se funden en un solo ser."

Génesis 2:24, NVI

El matrimonio es una institución divina, creada por Dios desde el principio para bendecir al hombre y a la mujer. Dios hizo al hombre y a la mujer a su imagen y semejanza, y los unió en una relación de amor, de complemento, de ayuda, de compañerismo, de intimidad. El matrimonio es un reflejo del amor de Dios, de su pacto sagrado y su alianza eterna con la iglesia.

Como maridos tenemos una gran responsabilidad y un gran privilegio: amar a nuestras esposas como Cristo amó a su iglesia. Eso implica sacrificar nuestro egoísmo, nuestra comodidad y nuestra conveniencia por el bien de ellas. Implica protegerlas, proveerles, honrarlas, valorarlas, apoyarlas, animarlas, comprenderlas, y escucharlas. También implica ser fieles a ellas, y ser sensibles a sus necesidades y sentimientos.

Un marido lleno de amor no es el que domina, sino el que sirve. No es el que exige, sino el que da. No es el que hiere, sino el que sana. No es el que guarda rencor, sino el que perdona. No es el que se aleja, sino el que se acerca. No es el que vive quejándose, sino el que sabe agradecer. No es el que se enfoca en la crítica, sino el que sabe elogiar. No es el que se burla, sino el que admira.

Un marido lleno de amor es el que hace feliz a su esposa, y al hacerlo, se hace feliz a sí mismo. Es el que cumple el propósito de Dios para su matrimonio, y al hacerlo, glorifica a Dios. Es el que vive en armonía con su esposa, y al hacerlo, recibe la bendición de Dios.

PREGUNTAS REFLEXIVAS

¿Qué significa para ti amar a tu esposa como Cristo amó a la iglesia?

¿Qué aspectos de tu relación matrimonial necesitas mejorar?

¿Qué acciones concretas puedes hacer para demostrarle amor a tu esposa?

¿Qué obstáculos o dificultades te impiden amar a tu esposa como Dios quiere?

¿Qué beneficios tiene para ti, para tu esposa y para tu familia, ser un marido lleno de amor?

NOTAS

_____

_____

_____

_____

_____

_____

_____

_____

_____

_____

_____

Haz tu propia oración al Señor:

_____

_____

_____

_____

14

SIENDO FUERTE Y VALIENTE

"Manténganse alerta; permanezcan firmes en la fe;
sean valientes y fuertes."

1 Corintios 16:13, NVI

¿Te has sentido alguna vez débil, temeroso o desanimado? ¿Has tenido que enfrentar situaciones que te han hecho sentir impotente, inseguro o desesperado? ¿Has pensado en rendirte, en abandonar tu fe o en dejar de luchar?

Todos tenemos momentos de debilidad, de temor o de desánimo en nuestra vida. Momentos en los que nos sentimos abrumados por las circunstancias, por los problemas, por las tentaciones, por las presiones, por las críticas, por las decepciones, por las pérdidas, por las enfermedades, por las persecuciones, o por cualquier otra cosa que nos quita la paz y la alegría. Momentos en los que necesitamos una palabra de aliento, de consuelo, de exhortación, de motivación, y de ánimo.

El apóstol Pablo nos da esa palabra en su carta a los corintios. Él nos dice que nos mantengamos alerta, que permanezcamos firmes en la fe, que seamos valientes y fuertes. Él nos anima a no bajar la guardia, a no dejar que nada ni nadie nos aparte de Dios, a no tener miedo de los obstáculos o de los enemigos, a no perder el ánimo ni la fuerza para seguir adelante. Pablo nos recuerda que tenemos un Dios que nos ama, que nos cuida, que nos protege, que nos fortalece, y que siempre nos dará la victoria si sabemos confiar en Él siguiendo sus instrucciones.

No te dejes vencer por el diablo. Recuerda que Dios está de tu lado y que Él te da todos los recursos que necesitas para triunfar. Sé fuerte y valiente, no te des por vencido y verás la recompensa de tu fidelidad.

PREGUNTAS REFLEXIVAS

¿Recuerdas alguna situación que te hizo sentir débil, temeroso o desanimado?

¿Cómo enfrentaste esa situación? ¿Con fe, valentía y fortaleza, o con duda, cobardía y debilidad?

¿Qué puedes aprender de la exhortación de Pablo a los corintios?

¿Cómo puedes mantenerte alerta, firme en la fe, valiente y fuerte?

¿Qué pasos puedes dar para no darte por vencido y para seguir confiando en Dios?

NOTAS

_____

_____

_____

_____

_____

_____

_____

_____

_____

_____

Haz tu propia oración al Señor:

_____

_____

_____

_____

15

VENCIENDO A LOS GIGANTES

"David le contestó al filisteo: Tú vienes contra mí con espada, lanza y jabalina, pero yo voy contra ti en el nombre del Señor Todopoderoso, el Dios de los ejércitos de Israel, a los que has desafiado."

1 Samuel 17:45, NVI

¿Has enfrentado alguna vez un gigante en tu vida? Tal vez no uno físico, como el que se encontró David, sino uno espiritual, como un problema de salud, una crisis familiar, una deuda económica, una tentación persistente, un miedo paralizante o una duda angustiante. ¿Cómo te has sentido al ver ese gigante? ¿Has sentido miedo, desánimo, impotencia, frustración o ira?

David era un joven pastor que fue llamado por Dios para ser el futuro rey de Israel. Pero antes de llegar al trono, tuvo que enfrentar a muchos enemigos, entre ellos el gigante Goliat, que desafiaba al pueblo de Dios con sus burlas e insultos. David no se dejó intimidar por el tamaño, la fuerza o el armamento del filisteo. Él confiaba en el poder de Dios, que lo había librado de leones y osos cuando cuidaba de sus ovejas. Él sabía que Dios estaba con él y que le daría la victoria sobre el gigante.

David no se conformó con las armas que le ofrecieron los demás, sino que usó lo que tenía a su alcance: una honda y cinco piedras lisas. Él no se fijó en la apariencia del gigante, sino en la unción de Dios en su vida. El todavía joven David no se dejó llevar por el orgullo, sino que dio la gloria a Dios. Él no se limitó por las circunstancias, sino que actuó con fe y valor. En ningún instante se rindió ante el gigante, sino que lo venció en el nombre del Señor.

¿Qué podemos aprender de David para vencer a los gigantes de nuestra vida? Recuerda lo que Dios ha hecho por ti en el pasado y confía en lo que hará por ti en el presente y en el futuro. Usa los recursos que Dios te ha dado, sean muchos o pocos. Da la gloria a Dios por todo lo que haces y no te jactes de tus propias capacidades o logros. Actúa con fe y valentía, sin dejarte paralizar por el miedo o la duda. Vence al gigante solo en el nombre del Señor y no en el tuyo propio.

PREGUNTAS REFLEXIVAS

¿Qué gigante estás enfrentando en este momento de tu vida?

¿Qué te dice Dios en su palabra acerca de ese gigante y de cómo puedes vencerlo?

¿Qué recursos te ha dado Dios para enfrentar al gigante?

¿Cuál de estas actitudes tienes ante el gigante: miedo, desánimo, impotencia, frustración, ira, fe, confianza, valentía, acción?

¿Qué harás hoy para vencer al gigante en el nombre del Señor?

NOTAS

_____

_____

_____

_____

_____

_____

_____

_____

_____

_____

_____

_____

Haz tu propia oración al Señor:

_____

_____

_____

_____

16

ENTENDIENDO LA PATERNIDAD

"Como flechas en manos del guerrero son los hijos nacidos en la juventud.

Dichoso el hombre que llena de ellas su aljaba; no será avergonzado cuando hable con sus enemigos en la puerta de la ciudad."

Salmo 127:4-5, NVI

La paternidad, una travesía que se asemeja a la mano firme de un guerrero que empuña flechas, nos invita a reflexionar sobre el poder y la responsabilidad de criar a las generaciones futuras. El Salmo 127:4-5 nos presenta a los hijos con la imagen de flechas; instrumentos destinados a ser lanzados con dirección y propósito.

Ser padres es como ser guerreros que guían, enseñan y modelan el camino para sus descendientes. La aljaba del padre se llena no solo de flechas, sino de sueños, valores y lecciones que preparan a los hijos para enfrentar la vida. Como padres, nuestra función trascendental es forjar el carácter de nuestros hijos a la imagen de Cristo. Enseñarles a temer a Dios no solo construye un carácter fuerte, sino que también establece un fundamento sólido para que enfrenten las adversidades con valentía y sabiduría. Disciplinarlos implica enseñarles los caminos de la virtud, la honestidad y el amor en conformidad a los principios de la Palabra de Dios. La dicha se encuentra en invertir tiempo, amor y sabiduría en la formación de estos "proyectiles", confiando en que estarán listos para ser lanzados con precisión cuando llegue el momento.

En esta travesía de la paternidad, la puerta de la ciudad simboliza los desafíos y oportunidades que aguardan a los hijos en el mundo. El padre, lleno de confianza y sin vergüenza, se para en esa puerta, habiendo preparado sus flechas para que vuelen con firmeza y determinación.

PREGUNTAS REFLEXIVAS

¿Cómo puedes aplicar la imagen de "flechas en manos del guerrero" en tu enfoque hacia la crianza de tus hijos?

¿En qué áreas específicas de la vida de tus hijos estás invirtiendo tiempo y recursos para prepararles como "flechas" para el futuro?

¿Cómo puedes ser un guerrero valiente y paciente mientras guías a tus hijos a través de los desafíos de la vida?

¿Qué significa para ti la "puerta de la ciudad" en el contexto de la vida de tus hijos?

¿En qué formas puedes modelar la confianza cuando enfrentas desafíos junto a tus hijos?

NOTAS

_____
_____
_____
_____
_____
_____
_____
_____
_____
_____
_____
_____

Haz tu propia oración al Señor:

_____
_____
_____
_____

17

LLENÁNDOME CON EL ESPÍRITU SANTO

"Pero recibirán poder cuando el Espíritu Santo venga sobre ustedes; y me serán testigos en Jerusalén, en toda Judea y Samaria, y hasta los confines de la tierra."

Hechos 1:8, NVI

El Espíritu Santo es el regalo de Dios para sus hijos. Él es el que nos da poder, sabiduría, consuelo, guía y fruto. Él es el que nos capacita para ser testigos de Cristo en el mundo. Es el Espíritu el que nos transforma a la imagen de Cristo.

Pero para experimentar todo lo que el Espíritu Santo tiene para nosotros, debemos llenarnos de Él. No basta con tenerlo morando en nosotros, sino que debemos dejar que él controle nuestra vida. Debemos rendirnos a su voluntad, obedecer su voz, seguir su dirección y cooperar con su obra.

Cuando nos llenamos del Espíritu Santo, reflejamos el carácter de Cristo. Mostramos su amor, alegría, paz, paciencia, bondad, fidelidad, mansedumbre y dominio propio. Demostramos su humildad, servicio, perdón, compasión y justicia. Manifestamos su autoridad y gloria con poder en este mundo lleno de oscuridad. No podemos extender el Reino del Señor Jesucristo sin la acción del Espíritu de Dios. Él es el quien nos hace vivir como hijos de Dios y como discípulos de Cristo. Es quien nos hace cumplir el propósito de Dios para nuestra vida.

El Espíritu de Verdad es quien puede convertirnos en una bendición para los demás. No existe piedad sin su presencia y, en realidad, no existe verdadera vida sin Él porque el Espíritu Santo es también el Espíritu de Vida.

¿Cómo podemos llenarnos del Espíritu Santo? Debemos pedirlo con fe, arrepentirnos de nuestros pecados, confesarlos y renunciar a ellos, buscar a Dios con todo nuestro corazón, meditar en su Palabra, orar sin cesar, alabarle con gratitud, adorarle con cada acto, servirle con diligencia y amarle con pasión.

PREGUNTAS REFLEXIVAS

¿Qué significa para ti estar lleno del Espíritu Santo?

¿Qué evidencias hay en tu vida de que estás lleno del Espíritu Santo?

¿Qué obstáculos o resistencias encuentras para llenarte del Espíritu Santo?

¿Qué pasos estás dispuesto a dar para llenarte más del Espíritu Santo?

¿Qué cambios esperas ver en tu vida cuando te llenes más del Espíritu Santo?

NOTAS

_____

_____

_____

_____

_____

_____

_____

_____

_____

_____

_____

Haz tu propia oración al Señor:

_____

_____

_____

_____

_____

18

APRENDIENDO A PERDONAR

"Así como el Señor los perdonó, perdonen también ustedes."

Colosenses 3:13, NVI

El perdón es una de las virtudes más difíciles de practicar, pero también una de las más necesarias. Todos hemos sido heridos por alguien, y todos hemos herido a alguien. Todos hemos sido ofendidos, y todos hemos ofendido.

El perdón es la decisión de renunciar al derecho de vengarnos, de guardar rencor, de alimentar el resentimiento, y de exigir reparación. El perdón es la actitud de liberar al ofensor de la deuda, de la culpa, del juicio, de la condena o de la maldición. El perdón es la expresión de la gracia, del amor, de la misericordia, de la compasión y de la paz.

El perdón no es un sentimiento, sino una elección. No depende de las circunstancias, sino de la voluntad. No se basa en las emociones, sino en la razón. Los sentimientos, emociones y circunstancias solo apuntarán al dolor del resentimiento. Pero una vez que, con voluntad dispuesta, decidas y procedas al perdón entonces las emociones irán siendo sanadas en consecuencia. Él perdón libera el suministro de la gracia sanadora sobre nuestra vida y una agradable perspectiva comienza a controlar nuestra visión de las circunstancias.

El perdón no es debilidad, sino fortaleza. El perdón nos libera de la amargura, del odio, de la ira y del rencor. Nos sana de las heridas, de las infecciones, de las úlceras y de los traumas en nuestro interior. El perdón nos restaura la alegría, la paz, la esperanza, la confianza, la armonía, y nos acerca a Dios.

El perdón es uno de los mayores regalos que podemos dar y recibir. Es el reflejo del amor de Dios, que nos perdonó todos nuestros pecados por medio de Cristo. Es el requisito para recibir la bendición de Dios, quien nos pide que perdonemos como Él nos perdonó. El perdón es una parte esencial del camino para ser como Cristo quien, aun siendo en forma de Dios, nos enseñó a perdonar a nuestros enemigos. No olvides que lo que es imposible para los hombres es posible para Dios. Él te dio su Espíritu para ayudarte a perdonar. Una vez que reconozcas que debes perdonar y dispongas tu corazón a ello, su gracia comenzará a fluir y la debilidad se convertirá en fortaleza.

PREGUNTAS REFLEXIVAS

¿Qué significa para ti perdonar?

¿A quién necesitas perdonar y que decides al respecto?

¿Qué te impide perdonar?

¿Qué beneficios consideras que obtendrás al perdonar?

¿Qué pasos concretos vas a tomar para perdonar?

NOTAS

_____
_____
_____
_____
_____
_____
_____
_____
_____
_____
_____
_____

Haz tu propia oración al Señor:

_____
_____
_____
_____
_____

19

SANANDO EL CORAZÓN

"En esto consiste el amor: no en que nosotros hayamos amado a Dios, sino en que él nos amó a nosotros, y envió a su Hijo como propiciación por nuestros pecados."

1 Juan 4:10, NVI

El amor de Dios es el más grande, el más puro, el más fiel y el más poderoso que existe. Él nos amó antes de que nosotros lo amáramos, y nos demostró su amor enviando a su Hijo Jesucristo a morir por nuestros pecados. Él nos ofreció el perdón, la salvación, la vida eterna y la adopción como sus hijos. Él nos ama con amor inmutable, inagotable e incomparable.

Pero muchas veces no recibimos ni respondemos a ese amor. Nos sentimos indignos, culpables, avergonzados, heridos, rechazados, solos, vacíos o amargados. Nuestro corazón está roto, endurecido, enfermo o cerrado. No podemos experimentar ni expresar el amor de Dios.

Por eso necesitamos permitir que el amor de Dios sane nuestro corazón. Necesitamos creer que Dios nos ama tal como somos, y que nada puede separarnos de su amor. Necesitamos aceptar su gracia, su misericordia, su bondad y su favor. Necesitamos abrir nuestro corazón a su presencia, su palabra, su voz, su obra y dejar que Él nos llene, nos restaure y nos transforme.

Ora y pide al Señor que te llene, que te llene de su amor; Dios es el Amor. Cuando permitimos que el amor de Dios sane nuestro corazón, entonces cambia nuestra vida. Nos comenzamos a sentir seguros, aceptados, valorados y amados. Nuestro corazón se llena de paz, de gozo, de esperanza, de gratitud y de alabanza. Podemos amar a Dios con todo nuestro ser, y amar a los demás como Él nos amó. Podemos reflejar su amor en el mundo y ser una bendición para los demás.

PREGUNTAS REFLEXIVAS

¿Qué significa para ti el amor de Dios?

¿Cómo has recibido y respondido al amor de Dios en tu vida?

¿Qué heridas o barreras hay en tu corazón que te impiden experimentar o expresar el amor de Dios?

¿Qué pasos puedes dar para permitir que el amor de Dios sane tu corazón?

¿Qué cambios esperas ver en tu vida cuando tu corazón sea sanado por el amor de Dios?

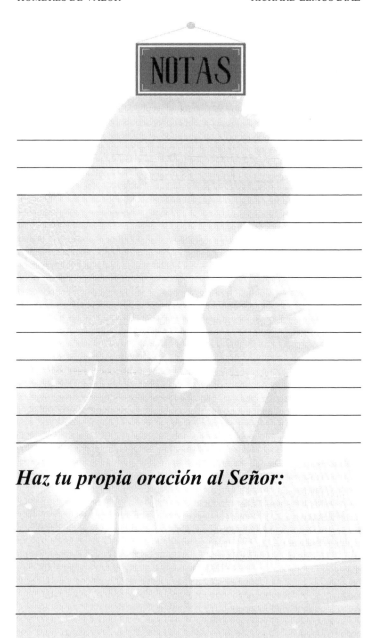

NOTAS

Haz tu propia oración al Señor:

20

DEDICÁNDOME A LA ALABANZA

"Por medio de Jesús, ofrezcamos continuamente a Dios un sacrificio de alabanza, es decir, el fruto de labios que confiesan su nombre."

Hebreos 13:15, NVI

La alabanza es la respuesta natural y espontánea de nuestro corazón a la grandeza, la bondad y la fidelidad de Dios. Es el reconocimiento y elogio de su majestad, su poder, su gloria, su gracia y su amor. Es el agradecimiento y la admiración por sus obras, sus promesas, sus planes y sus propósitos. Es el homenaje y la adoración que le rendimos como nuestro Creador, nuestro Salvador, nuestro Señor y nuestro Padre.

La alabanza es uno de los sacrificios más agradables y aceptables que podemos ofrecer a Dios. Es el fruto de nuestros labios que confiesan su nombre, que proclaman sus atributos, que declaran sus maravillas, que bendicen su santo Nombre. Es el culto que le damos con todo nuestro ser, con nuestro espíritu, nuestra alma y nuestro cuerpo. Es la ofrenda que le presentamos con fe, con amor, y con gozo.

La alabanza es un medio eficaz y poderoso para acercarnos a Dios. Cuando alabamos a Dios, Él se manifiesta en nuestra vida, y su presencia llena nuestro corazón. Entonces Él nos revela su voluntad, y su palabra ilumina nuestro camino. Cuando alabamos a Dios somos fortalecidos, sanados y liberados. En medio de las alabanzas el Señor revela su poder y cosas sobrenaturales pasan en nuestro ser.

La alabanza debe ser una actitud y una acción constante en nuestra vida. Debemos alabar a Dios en todo tiempo, en todo lugar, en toda circunstancia y con toda nuestra capacidad. Debemos alabar a Dios con nuestros pensamientos, con nuestras palabras, con nuestros gestos y con nuestras obras. Debemos alabar a Dios con nuestros dones, con nuestros talentos, con nuestros recursos y con nuestros frutos. Debemos alabar a Dios privadamente, con nuestra familia y con nuestra Iglesia.

PREGUNTAS REFLEXIVAS

¿Qué significa para ti alabar a Dios?

¿Cómo alabas a Dios en tu vida diaria?

¿Qué beneficios has experimentado al alabar a Dios?

¿Qué dificultades o desafíos encuentras para alabar a Dios?

¿Qué puedes hacer para alabar a Dios más y mejor?

NOTAS

Haz tu propia oración al Señor:

21

BLANDIENDO MI ESPADA

"Tomen el casco de la salvación y la espada del Espíritu, que es la palabra de Dios."

Efesios 6:17, NVI

Dios nos ha dado una espada poderosa y eficaz: su Palabra. Con ella podemos enfrentar y vencer las batallas espirituales que se presentan en nuestra vida. su Palabra es la verdad que nos libera. Es la voz que nos guía. Es la promesa que nos asegura. Es el amor que nos llena.

Pero no basta con tener la espada, debemos usarla. Debemos tomarla con fe y leerla con atención. Debemos estudiarla con diligencia y meditarla con profundidad. Debemos memorizarla con esfuerzo y aplicarla con obediencia. Debemos proclamarla con valentía y compartirla con generosidad. Debemos defenderla con firmeza y amarla con pasión.

Cuando usamos la espada de la Palabra de Dios,

derrotamos al enemigo porque su Palabra es más cortante que cualquier espada de dos filos. Ella penetra hasta lo más profundo de nuestro ser y expone las mentiras del diablo. Su Palabra nos libera de los pecados y las ataduras revistiéndonos de autoridad y poder. La Palabra de Dios nos da la victoria y el triunfo.

Usar la espada de la Palabra de Dios es una de las acciones más importantes que podemos llevar a cabo. En ella está nuestra luz y esperanza. Ella es origen de nuestra fe y de nuestra vida. Es nuestra arma ofensiva contra el diablo y los gigantes que se nos presentan en la vida. Y, además, es parte de nuestra herencia y riqueza.

La espada del Espíritu también nos transforma y santifica. Ella nos revela quién es Dios y qué ha hecho por nosotros. Nos muestra qué quiere de nosotros y qué tiene para nosotros. Su Palabra nos acerca a su corazón y su voluntad. Nos transforma a la imagen de Cristo y nos hace sabios y humildes en amor cuando opera bajo el control del Espíritu Santo.

PREGUNTAS REFLEXIVAS

¿Qué valor le das a la palabra de Dios en tu vida?

¿Cómo usas la palabra de Dios como tu espada en tu vida diaria?

¿Qué beneficios has experimentado al usar la palabra de Dios como tu espada?

¿Qué obstáculos encuentras para usar la palabra de Dios como tu espada?

¿Qué puedes hacer para usar la palabra de Dios como tu espada con mayor frecuencia?

NOTAS

Haz tu propia oración al Señor:

22

CONTROLANDO MIS PENSAMIENTOS

"Por último, hermanos, consideren bien todo lo verdadero, todo lo respetable, todo lo justo, todo lo puro, todo lo amable, todo lo digno de admiración, en fin, todo lo que sea excelente o merezca elogio."

Filipenses 4:8, NVI

Nuestros pensamientos son el origen de nuestros actos. Lo que pensamos determina lo que decimos, lo que hacemos, lo que sentimos y lo que somos. Nuestros pensamientos influyen en nuestra salud, nuestra felicidad, nuestra relación con Dios, nuestra relación con los demás, y nuestro destino eterno.

Por eso, es vital que mantengamos nuestros pensamientos bajo control. No podemos dejar que nuestra mente sea invadida por pensamientos negativos, falsos, impuros, malos o destructivos. No podemos permitir que nuestra mente sea el basurero o el calabozo del enemigo.

Debemos llenar nuestra mente de pensamientos positivos, verdaderos, puros, buenos y constructivos. Es necesario pensar en todo lo que es y viene de Dios. Lo correcto es pensar en todo lo que agrada y glorifica al Señor. Meditar en todo lo que nos edifica, nos bendice, nos ayuda y nos alienta. Debemos pensar en todo lo que es excelente y merece elogio.

¿Cómo podemos mantener nuestros pensamientos bajo control? Debemos someter nuestra mente a Dios y renovarla con su Palabra. Debemos orar a Dios y pedirle que nos dé sabiduría, discernimiento, y entendimiento. También resistir al diablo y rechazar sus mentiras, sus dardos, sugerencias e insinuaciones. Debemos ocupar nuestra mente con cosas buenas y meditar en ellas, memorizarlas, declararlas y practicarlas.

Cuando mantenemos nuestros pensamientos bajo control, cambiamos nuestra vida. Nos sentimos seguros y motivados. Nuestra vida se llena de paz, de gozo, de esperanza y fe. Podemos agradar a Dios y cumplir su voluntad, su plan, su sueño y propósito para nuestra vida. Somos capaces de ser una bendición para los demás y reflejar su luz, su gracia, su bondad y su gloria.

PREGUNTAS REFLEXIVAS

¿Qué tipo de pensamientos ocupan tu mente?

¿Cómo controlas tus pensamientos en tu vida diaria?

¿Qué beneficios has experimentado al mantener tus pensamientos bajo control?

¿Qué desafíos encuentras para mantener tus pensamientos bajo control?

¿Qué crees que puedes hacer para mantener tus pensamientos bajo control?

NOTAS

_____
_____
_____
_____
_____
_____
_____
_____
_____
_____
_____
_____

Haz tu propia oración al Señor:

_____
_____
_____
_____
_____

23

CAMINANDO EN INTEGRIDAD

"El justo lleva una vida íntegra; ¡dichosos sus hijos después de él!"

Proverbios 20:7, NVI

"La ley de su Dios está en su corazón; sus pies no resbalan."

Salmo 37:31, NVI

La integridad es una cualidad que Dios valora mucho en sus hijos. Ser íntegro significa ser honesto, fiel, justo y coherente en todo lo que hacemos y decimos. Ser íntegro significa vivir de acuerdo a los principios y valores que Dios nos ha enseñado en su Palabra.

La integridad nos trae muchos beneficios. Nos da paz, seguridad y confidencia. Nos hace dignos de respeto y confianza. Nos protege de caer en el pecado y la tentación. Nos permite tener una buena relación con

Dios y con los demás. Nos hace ser un ejemplo y una bendición para nuestra familia y nuestra generación.

La integridad también nos trae desafíos. Vivir con integridad no es fácil en un mundo que nos presiona a ser como los demás, a seguir la corriente, a complacer a la gente, a buscar nuestro propio beneficio. Vivir con integridad nos puede costar el rechazo, la burla, la persecución, la pérdida de oportunidades o de amigos. Vivir con integridad requiere de valor, de fe, de obediencia y de amor a Dios.

Pero vale la pena vivir con integridad, porque Dios nos promete que nos sostendrá, nos bendecirá y nos recompensará. Dios nos dice que, si somos íntegros, no resbalaremos, sino que permaneceremos firmes y seguros en su camino. Dios nos dice que, si somos íntegros, nuestros hijos serán dichosos y heredarán la tierra. Dios nos dice que, si somos íntegros, él se deleitará en nosotros y nos concederá los deseos de nuestro corazón.

¿Quieres ser un hombre íntegro? Entonces, busca a Dios, estudia su Palabra, obedece sus mandamientos, confía en sus promesas, sigue su voluntad, honra su Nombre, refleja su carácter, ama a tu prójimo, haz el bien y huye del mal. Así serás un hombre íntegro y no resbalarás.

PREGUNTAS REFLEXIVAS

¿Qué significa para ti ser íntegro?

¿Qué beneficios te ha traído vivir con integridad?

¿Qué conflictos te han sobrevenido por vivir con
integridad?

¿Qué puedes hacer para fortalecer tu integridad en tu
vida personal, familiar, laboral, y social?

¿Qué testimonio estás dando a tu familia y a tu
generación con tu integridad?

Haz tu propia oración al Señor:

24

VIÉNDOME COMO HIJO

"Mas a cuantos lo recibieron, a los que creen en su nombre, les dio el derecho de ser hijos de Dios. Estos no nacen de la sangre, ni por deseos naturales, ni por voluntad humana, sino que nacen de Dios."

Juan 1:12-13, NVI

¿Sabes quién eres? ¿Sabes cuál es tu identidad? ¿Sabes cuál es tu valor? Muchas veces nos hacemos estas preguntas y buscamos las respuestas en el mundo, en la gente, en nosotros mismos. Pero la única respuesta verdadera y definitiva está en Dios. Dios nos dice quiénes somos, porque Él nos creó, nos conoce y nos ama.

Dios nos dice que somos sus hijos. ¡Sí! ¡Tú eres hijo de Dios! No importa tu pasado, tu edad, tu sexo, tu raza o tu condición. No importa lo que hayas hecho o lo que te hayan hecho. No importa lo que pienses o lo que sientas. Tú eres hijo de Dios, porque Él te lo dice y te lo demuestra.

Dios te dice que eres su hijo, porque te creó a su imagen y semejanza. Él te dio vida, te dio un propósito, te dio dones y talentos. Te hizo único y especial. El Señor te hizo para que seas feliz y puedas vivir plenamente.

El Padre te demuestra que eres su hijo, porque él te envió a su Hijo Jesucristo. Él te amó tanto que dio a su Hijo por ti, para que muriera en la cruz y pagara el precio de tus pecados. Dios te dio la oportunidad de recibir a su Hijo como tu Salvador y Señor, y así nacer de nuevo como su hijo.

Ser hijo de Dios es el mayor privilegio y la mayor responsabilidad que podemos tener. Ser hijo de Dios significa tener una relación personal y eterna con Él. Además, significa tener su amor, su gracia, su perdón, su protección, su provisión, su guía, su consuelo, su poder, y su presencia. También significa tener una familia, una herencia, una ciudadanía, una misión, una esperanza. Ser hijo de Dios significa obedecerle, servirle, adorarle, glorificarle, y parecernos a Él.

¿Crees que eres hijo de Dios? ¿Vives como hijo de Dios? ¿Disfrutas de ser hijo de Dios? ¿Agradeces a Dios por ser su hijo? ¿Compartes con otros la buena noticia de que ellos también pueden llegar a ser hijos de Dios?

PREGUNTAS REFLEXIVAS

¿Qué significa para ti ser hijo de Dios?

¿Qué beneficios te ha traído ser hijo de Dios?

¿Qué situaciones te han hecho dudar de que eres hijo de Dios? ¿Dejarás que esto te siga afectando?

¿Qué puedes hacer para fortalecer tu relación de hijo con Dios?

¿Qué testimonio estás dando a tu familia y a tu generación como hijo de Dios?

NOTAS

Haz tu propia oración al Señor:

25

VIVIENDO EN PROSPERIDAD

"Es como árbol plantado a la orilla de un río que, cuando llega su tiempo, da fruto y sus hojas jamás se marchitan. ¡Todo lo que hace prospera!"

Salmo 1:3, NVI

Imagina tu vida como un árbol vigoroso, arraigado junto a las aguas vivificantes de la gracia divina. El Salmo 1:3 nos pinta un cuadro de prosperidad que trasciende lo meramente material. Este árbol, que representa al hombre que encuentra su sustento en la verdad de Dios, es un símbolo de plenitud espiritual y fecundidad en todas las áreas de la vida.

La prosperidad, según la perspectiva bíblica, no es solo un concepto financiero; es una condición del alma que se refleja en el carácter y en la influencia positiva en el mundo. El hombre arraigado en Dios, como el árbol junto al río, da frutos en su tiempo. Estos frutos no solo son acciones benevolentes, sino también una manifestación de la paz, la alegría y el amor que provienen de una relación íntima con el Creador.

Dios no solo desea prosperarnos espiritualmente, sino también en áreas tangibles de nuestra vida, incluyendo la financiera. Cuando confiamos en Él y alineamos nuestra voluntad con la suya, nos abre puertas de oportunidades y nos convierte en administradores sabios de los recursos que nos confía. La prosperidad financiera no es un fin en sí misma, sino una herramienta para bendecir a los demás y avanzar en el propósito divino. Sin embargo, Dios también desea que nosotros y nuestra familia disfrutemos también de los frutos y beneficios de la prosperidad.

La imagen del árbol que no solo da fruto, sino que sus hojas no se marchitan nos revela una estabilidad duradera en la prosperidad de Dios. No se trata solo de momentos fugaces de éxito, sino de una constante renovación y vitalidad que proviene de una conexión constante con la fuente de vida. El hombre que prospera en Dios no solo experimenta la abundancia en la cosecha, sino también la fortaleza para resistir los tiempos difíciles.

PREGUNTAS REFLEXIVAS

¿Cómo puedo asegurarme de estar arraigado en la verdad de Dios para experimentar verdadera prosperidad?

¿Cuáles son los frutos que estoy produciendo en mi vida?

¿Cómo puedo ser un agente de prosperidad espiritual y financiera en mi comunidad?

¿En qué áreas específicas necesito confiar más en las promesas de Dios para experimentar una prosperidad completa?

¿Cómo puedo utilizar la prosperidad que Dios me ha dado como una oportunidad para bendecir a los demás y glorificar su nombre?

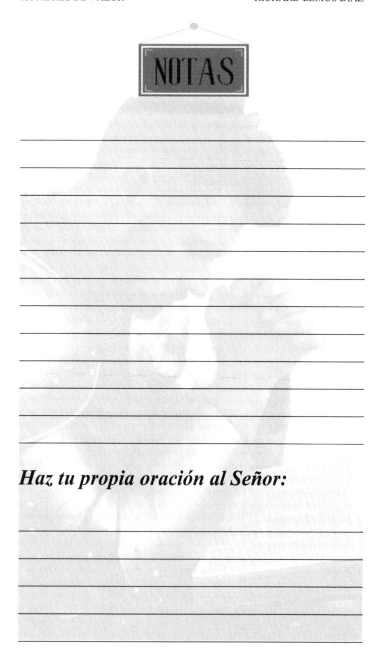

NOTAS

Haz tu propia oración al Señor:

26

DOMINÁNDOME A MÍ MISMO

"Porque Dios no nos ha dado un espíritu de timidez,
sino de poder, de amor y de dominio propio."

2 Timoteo 1:7, NVI

En las páginas de la vida, Dios nos ha otorgado un regalo precioso: un espíritu intrépido que trasciende el miedo y abraza el poder divino. Este versículo, 2 Timoteo 1:7, revela que somos más que meros observadores de nuestras emociones; somos portadores de un espíritu robusto y audaz, una creación divina diseñada para dominar, amar y vivir sin temor.

El dominio propio, esa habilidad de dirigir nuestras acciones y reacciones con sabiduría, no es un fruto del esfuerzo humano desenfrenado, sino un don celestial. Dios nos capacita para gobernar nuestras vidas, resistir las tentaciones y vivir con valentía en medio de las adversidades. Nuestra parte sólo es, aunque importante, una colaboración con el Espíritu Santo para reflejar la santidad que Dios desea en nuestras vidas.

En el ejercicio del dominio propio, descubrimos que el amor de Dios se convierte en nuestra fuente de valentía. No somos esclavos del miedo; somos libres para amar sin reservas. Este amor divino, que fluye a través de nosotros, nos impulsa a ser compasivos, generosos y a buscar el bienestar de los demás. Somos llamados a ser canales del amor de Dios en un mundo necesitado.

A medida que cultivamos el dominio propio, también cultivamos la capacidad de enfrentar desafíos con fe en lugar de temor. La confianza en el poder de Dios nos permite superar las circunstancias difíciles y avanzar con determinación. El hombre poseedor de dominio propio, fortalecido por el amor y el poder divino, se convierte en un faro de esperanza y un testimonio viviente de la transformación que Dios puede realizar en la vida de aquellos que confían en Él.

PREGUNTAS REFLEXIVAS

¿Cómo puedo cultivar diariamente el dominio propio en mi vida?

¿En qué áreas específicas necesito recordar que Dios me ha dado un espíritu de poder y no de timidez?

¿Cómo puedo utilizar el amor de Dios como fuente de motivación para superar el miedo en situaciones desafiantes?

¿Cuáles son algunos pasos prácticos que puedo tomar para ejercer dominio propio en mi vida cotidiana?

¿Cómo puedo ser un canal efectivo del amor de Dios hacia los demás mientras ejerzo dominio propio?

NOTAS

_____

_____

_____

_____

_____

_____

_____

_____

_____

_____

_____

Haz tu propia oración al Señor:

_____

_____

_____

_____

_____

27

SIENDO LA MORADA DEL REY

"Jesús le respondió: —El que me ama, obedecerá mi palabra, y mi Padre lo amará, y haremos nuestra morada en él."

Juan 14:23, NVI

Imagina tu vida como un santuario donde la presencia divina encuentra descanso. Este versículo, Juan 14:23, revela la conexión íntima entre amar a Cristo y la obediencia a su Palabra. Ser un siervo que agrada a Dios implica más que meras acciones; es un compromiso del corazón, un amor que se traduce en obediencia fiel.

Cuando amamos a Jesús de manera auténtica, no solo somos receptores de su amor, sino también canales de ese amor en el mundo. La obediencia no es una carga, sino una expresión natural de un corazón transformado. Al obedecer la Palabra de Dios, permitimos que el Padre y el Hijo hagan morada en nosotros, creando un lugar sagrado donde la presencia divina se manifiesta por medio del Espíritu Santo.

El siervo que agrada a Dios no solo sigue reglas, sino que busca agradar a su Señor en todos los aspectos de la vida. La obediencia se convierte en una respuesta de amor, una manera de construir una relación profunda con el Creador. En este proceso, descubrimos que la verdadera satisfacción y plenitud se encuentran en la presencia de Dios que habita en nosotros.

Ser un siervo que agrada a Dios implica alinear nuestras vidas con los principios eternos de su Palabra. La obediencia no es un acto mecánico, sino una expresión consciente de amor y reverencia. Al buscar agradar a Dios, nos convertimos en instrumentos de su gracia y amor en un mundo sediento de verdad y esperanza. Recordemos que somos la morada del Rey y cargamos en nuestro interior el esplendor de su trono.

PREGUNTAS REFLEXIVAS

¿Cómo puedo expresar mi amor por Cristo a través de la obediencia a su Palabra?

¿Cuáles son las áreas en mi vida en las que necesito mejorar en mi obediencia a Dios?

¿Por qué se considera la obediencia una expresión genuina de amor?

¿Qué significa para mí el concepto de tener a Dios y a Jesús haciendo morada en mi vida?

¿Cómo puedo vivir diariamente de manera que refleje la presencia de Dios en mí?

NOTAS

Haz tu propia oración al Señor:

28

ENFOCÁNDOME EN LA MISIÓN

"Pero tú, en todas las cosas, ejerce el ministerio que se te ha encomendado, predicando el evangelio de Jesucristo, y cumpliéndolo cabalmente."

2 Timoteo 4:5, NVI

Imagina tu vida como una misión divina, un llamado específico que solo tú puedes llevar a cabo. Este versículo resuena con un recordatorio poderoso: ejercer el ministerio que se nos ha confiado. Ser un hombre con misión implica más que simplemente existir; es vivir con propósito, predicando el evangelio de Jesucristo con diligencia y completando la tarea encomendada.

En un mundo lleno de distracciones y desafíos, la misión de proclamar el evangelio destaca como un llamado supremo. El hombre con misión no se conforma con la complacencia, sino que avanza con valentía en la tarea asignada por Dios. Cumplir la misión cabalmente implica perseverancia, dedicación y una fidelidad inquebrantable a la verdad de Cristo.

El evangelio no es simplemente una historia que contamos; es una realidad que vivimos. Ser un hombre con misión significa encarnar la verdad que predicamos, ser la luz en la oscuridad y el testimonio viviente del poder transformador de Cristo. En este viaje, encontramos significado y satisfacción al saber que estamos contribuyendo al propósito eterno de Dios.

Ser un hombre con misión implica reconocer la importancia de cada paso en el camino hacia el cumplimiento de la tarea encomendada. No es solo el resultado final lo que importa, sino la fidelidad y la diligencia en cada paso del camino. La misión divina nos desafía a mantenernos enfocados en el propósito eterno de Dios, perseverando incluso en medio de las adversidades.

PREGUNTAS REFLEXIVAS

¿Cómo puedo identificar la misión específica que Dios me ha encomendado en mi vida?

¿Cuáles son los desafíos que enfrento al ejercer el ministerio que se me ha confiado?

¿Cómo puedo vivir de manera coherente con el evangelio de Jesucristo en todas las áreas de mi vida?

¿En qué maneras puedo aumentar mi diligencia y compromiso en la misión que Dios me ha dado?

¿Cómo puedo ser un testimonio más efectivo del poder transformador de Cristo en mi comunidad y en el mundo?

NOTAS

Haz tu propia oración al Señor:

29

SIRVIENDO COMO SOLDADO

"Toma parte en los sufrimientos como buen soldado de Jesucristo."

2 Timoteo 2:3, NVI

Imagina tu vida como un campo de batalla, donde las decisiones diarias son las batallas que enfrentamos. Este versículo nos presenta una imagen vívida: somos llamados a ser buenos soldados de Jesucristo. La vida cristiana no es un paseo tranquilo; es una participación activa en la lucha espiritual, comprometiéndonos como soldados leales en el ejército del Señor.

Ser un buen soldado implica más que simplemente ponerse la armadura espiritual; es participar activamente en los sufrimientos y desafíos que surgen en el camino de seguir a Jesús. Así como los soldados terrenales enfrentan adversidades, nosotros también enfrentamos retos en nuestra fe. Pero en medio de esas dificultades, somos llamados a mantenernos firmes, confiando en el liderazgo de nuestro Comandante, Jesucristo.

El buen soldado no se retira en tiempos de dificultad; más bien, persevera con valentía. Esto implica no solo resistir los ataques del diablo, sino también avanzar en la causa del evangelio. Enfrentamos desafíos personales, oposición externa y tentaciones, pero con la fortaleza que proviene de Dios, podemos superar cada obstáculo.

La participación en los sufrimientos como soldado de Jesucristo también implica un compromiso profundo con la verdad y la justicia. Los soldados del Señor defienden la verdad del evangelio y se mantienen firmes en la integridad moral. No se conforman con el compromiso fácil, sino que siguen las órdenes de su Comandante con lealtad inquebrantable.

La imagen del soldado nos recuerda que no estamos solos en la batalla espiritual. Somos parte de un ejército celestial, respaldados por la fuerza y el poder del Dios Altísimo. A medida que enfrentamos los desafíos, podemos confiar en que nuestro Comandante nos capacitará con la sabiduría y el coraje necesarios.

PREGUNTAS REFLEXIVAS

¿Cómo puedo participar activamente como buen soldado de Jesucristo en mi vida diaria?

¿Cuáles son los sufrimientos y desafíos específicos que enfrento como seguidor de Cristo?

¿En qué áreas de mi vida necesito fortalecer mi compromiso con la verdad y la justicia?

¿Cómo puedo mantenerme firme en mi fe cuando enfrento oposición y tentaciones?

¿Cuál es la importancia de recordar que no estoy solo en la batalla espiritual y cómo puedo confiar en el poder de Dios en medio de los desafíos?

NOTAS

Haz tu propia oración al Señor:

30

ECHANDO FUERA LA PEREZA

"¿Hasta cuándo estarás acostado, oh perezoso?
¿Cuándo te levantarás de tu sueño? Un poco de
sueño, un poco de dormitar, un poco de cruzar las
manos para descansar; y así vendrá tu pobreza como
un ladrón, y tu necesidad como un hombre armado."

Proverbios 6:9-11, NVI

En el rincón de la comodidad yace un enemigo silencioso llamado pereza. La Biblia, en Proverbios 6:9-11, nos insta a despertarnos de este letargo, recordándonos que la complacencia lleva a la escasez y a la necesidad. La pereza no solo se manifiesta en la falta de acción física, sino también en la renuencia a esforzarnos mental y espiritualmente. Ella se interpone en el camino de la auténtica hombría y no solo afecta nuestra vida individual, sino que también puede permear nuestras relaciones y nuestra conexión con Dios.

Ser un hombre de Dios implica despertar del sueño liderando en la familia, la iglesia y la sociedad con el ejemplo.

Dios nos ha dotado de talentos y oportunidades, pero la pereza puede disfrazarse de descanso necesario, llevándonos a un sueño profundo que nos aparta de nuestro propósito. Sin embargo, la Palabra de Dios nos advierte que esta actitud nos conduce a la pobreza espiritual y material.

A menudo, la pereza se disfraza de procrastinación, llevándonos a posponer tareas esenciales bajo la ilusión de que "mañana será un mejor día". Sin embargo, la verdad es que cada día malgastado en la inacción es un día que no recuperaremos. El Señor nos insta a ser buenos administradores de nuestro tiempo, invirtiéndolo sabiamente en aquello que honra a Dios y beneficia a quienes nos rodean.

Cada día que elegimos no esforzarnos al máximo es un día que nos alejamos de nuestra mejor versión, una versión que Dios diseñó con propósito y valía. Es tiempo de despertar de este sueño letárgico y de abrazar la vida con determinación, aprovechando cada oportunidad para ser mayordomos fieles de los dones que Dios nos ha confiado.

PREGUNTAS REFLEXIVAS

¿En qué áreas de tu vida has permitido que la pereza te robe oportunidades de crecimiento?

¿Cómo puedes distinguir entre un merecido descanso y la pereza disfrazada de descanso?

¿Cuáles son los sueños o metas que has pospuesto debido a la comodidad de la inacción?

¿Cómo puedes cultivar la disciplina en tu vida diaria para vencer la pereza?

¿Qué pasos prácticos puedes tomar hoy para despertarte del sueño de la pereza y perseguir activamente el propósito que Dios tiene para ti?

NOTAS

_____
_____
_____
_____
_____
_____
_____
_____
_____
_____
_____
_____

Haz tu propia oración al Señor:

_____
_____
_____
_____

Made in the USA
Columbia, SC
06 October 2024

43733226R00070